esquadrão da
moda

esquadrão da moda

Trinny Woodall e Susannah Constantine

Fotografias de Robin Matthews

EDITORA GLOBO

Para Sten e Johnnie, com nosso amor, sempre.

EDITORA
GLOBO

Copyright do texto © 2002 by Susannah Constantine e Trinny Woodall
Copyright do projeto e layout © 2002 by Weidenfeld & Nicolson
Copyright da tradução © 2005 by Editora Globo S.A.

Título original: *What not to wear*
Tradução: *Anna Maria Quirino*
Edição: *Wally Constantino Guanaes Barbero*
Consultoria de moda: *Cristiane Gurgel*
Revisão: *Agnaldo Alves de Oliveira*
Editoração eletrônica e capa: *José Rodolfo Arantes de Seixas*

Direitos de edição adquiridos em língua portuguesa por
EDITORA GLOBO S.A.
Av. Jaguaré, 1485 – São Paulo, SP, Brasil
CEP 05346-902
site: www.globolivros.com.br

5ª Reimpressão

Dados Internacionais de Catalogação na Publicação (CIP)
(Câmara Brasileira do Livro, SP, Brasil)

Woodall, Trinny
    Esquadrão da moda / Trinny Woodall, Susannah Constantine;
fotografias de Robin Matthews; [tradução Anna Maria Quirino]. –
São Paulo: Globo, 2005.
    Título original: What not to wear.
    ISBN 85-250-3965-9

    1. Beleza feminina (Estética) 2. Beleza pessoal 3. Moda
4. Vestuário feminino I. Constantine, Susannah. II. Matthews,
Robin. III. Título.

04-8349   CDD-646.34

Índices para catálogo sistemático:
        1. Moda e vestuário feminino 646.34
        2. Vestuário feminino e moda 646.34

Impressão e acabamento: Cromosete

esquadrão da moda

sumário

.... introdução 6

1 .... muito busto 12

2 .... pouco busto 28

3 .... braços volumosos 40

4 .... bumbum grande 52

5 .... sem cintura.............................. 64

6 .... pernas curtas 76

7 .... barriga flácida 90

8 .... culotes 106

9 .... pescoço curto 120

10 .. pernas grossas 132

.... agradecimentos.................... 144

Para ter uma aparência elegante, é preciso saber **o que não usar**, além de ter consciência das coisas que combinam com você. Mas é necessário **ser honesta** e admitir que **algumas partes do seu corpo não são lá essas coisas**, percebendo que determinadas roupas só servem para pôr em evidência essas áreas problemáticas. Muitas vezes não exploramos o que temos de melhor porque nos **falta autoconfiança**, e estamos convencidas de que as roupas não têm importância. Ou nem sabemos por onde começar. Porém, quanto mais conhecermos o nosso corpo, mais fácil será obter um belo visual.

Infelizmente, para muitas de nós, há uma série de obstáculos a transpor, antes de conseguirmos alcançar essa etapa. **Acreditamos, erroneamente, que a simples idéia de nos tornarmos elegantes é uma façanha quase impossível de ser posta em prática**. A falta de experiência é disfarçada por desculpas reconfortantes – filhos, conta bancária no vermelho, tempo curto, falta de jeito para isso... A preocupação com roupas é secundária, pois você confia na sua incrível personalidade forte e seu parceiro nem liga se você estiver vestida como uma baranga, porque ele a ama do jeito que você é. No fim das contas, isso é bobagem. Temos certeza de que não há uma única mulher que não queira **melhorar sua aparência**. Mesmo se você se acha elegante como uma deusa, provavelmente gostaria de trocar seus seios por outros que não briguem com a força da gravidade, e, se tiver busto perfeito, sem dúvida considera seu bumbum muito grande para enfiá-lo numa calça justa.

introdução

Você pensa que regime, dinheiro e plástica resolvem tudo, mas é muito gulosa para fazer o primeiro, nunca vai ter o segundo e, portanto, não pode pagar pela terceira. Claro, se você for capaz de conseguir tudo isso, maravilha! Mas, então, sem dúvida sua próxima desculpa será imaginar que tem de estar na moda para ser elegante, e se for muito velha, muito jovem, muito magra, gorda, alta ou baixa, acredita que isso não será possível. Porém, ser **elegante não tem nada a ver com moda** nem com perda de peso, ser rica ou se sujeitar a entrar na faca. A solução é se vestir de forma a **mostrar o que gosta no seu corpo e esconder o que detesta**. No momento em que você realmente descobrir **o que não deve vestir**, estará a meio caminho para se tornar uma mulher chique.

A americana Diana Vreeland, guru da moda, afirmou: "A elegância é inata… e não tem nada a ver com o fato de a pessoa estar bem-vestida". **O mito de que se nasce com estilo não tem fundamento**; trata-se de uma suposição incorreta. A nosso ver, isso é conversa para boi dormir. Diana Vreeland diria isso a respeito de uma "elegante" vestida com um agasalho felpudo dois números maior que o seu tamanho e um fusô tão apertado que mostra até a celulite? Ela diria isso de Anna Wintour, ícone da moda, supermagra (que alguns consideram sua sucessora), se ela estivesse usando um decote profundo que deixasse à mostra seu colo esquelético e uma saia franzida que destacasse ainda mais sua compleição extremamente magra? Achamos que não.

introdução

Talvez você tenha a graça de uma bailarina, mas se suas coxas forem grossas, nenhuma minissaia, por mais bonita que seja, irá afiná-las. **Elegância não é um dom inato, mas algo que qualquer pessoa pode aprender**.

Nós somos o melhor exemplo disso. Se alguém imagina que tínhamos um mínimo de estilo ou éramos favorecidas por causa de um "corpão", precisa saber que a noção de elegância levou anos para se formar na gente, e o corpo, na verdade, é uma decepção completa. Somos altas, mas só Trinny é magra. E qualquer semelhança com "belos corpos" **não passa do uso de disfarces inteligentes**. Trinny sempre foi fanática por roupas e devorava revistas de moda desde pequena; mesmo assim, levou quase duas décadas para se livrar da profunda paixão pelo visual dos grupos de rock. Na década de 1980, devia muito ao *Spandau Ballet* pelos terninhos risca-de-giz que lhe davam um ar mais masculino, enquanto o grupo *Bucks Fizz* abriu caminho para o modelito de seu cabelo, que muitas vezes era coroado por um vistoso chapéu de feltro masculino. Brincos enormes combinavam com cabelos compridos, ambos ressaltados pelo tom de pele alaranjado, produzido por bronzeadores artificiais, e por batons cor-de-rosa cintilantes.
Isso parece horroroso, e de fato era, mas o visual de Trinny sempre se destacava por ser estravagante. **A verdade, como você verá, é bem diferente**. Trinny é magra, mas com pernas muito curtas, nada de busto e um bumbum gordo e desproporcional. Mas, como ela **aprendeu a

introdução

disfarçar esses defeitos, tudo o que se enxerga são membros muito longos e um traseiro bem delineado. E, pelo fato de se vestir muito bem, nem se nota que ela é lisa como uma tábua.

A primeira impressão de Susannah talvez não seja tão favorável quanto a de Trinny, mas alguém poderia pensar: **"Hum! Sexy, um corpo cheio de curvas."** Que piada. Por trás dos paletós acinturados e das mangas três-quartos encontra-se um corpo fora de controle e, depois de dois filhos, todo flácido. Seu estômago está dilatado; as pelancas embaixo dos braços pendem frouxas como os Jardins da Babilônia e os peitões são grandes demais. Apesar disso, ela **aprendeu direitinho a arte da camuflagem**, mas seu aprendizado de elegância só aconteceu ao conhecer Trinny, embora tenha trabalhado com alguns dos estilistas mais conhecidos do mundo. Susannah não tinha a menor noção de como se vestir – parecia uma mistura de freira virgem e prostituta de quinta categoria. De um lado, ela adotava tudo o que havia de mais medonho das roupas das "patricinhas", e, de outro, permitia-se usar luvas enfeitadas com penas de marabu, meia-calça desfiada e minissaias minúsculas. Certa vez alguém lhe disse que ela tinha belas pernas; por causa disso, passou a mostrá-las sempre que podia. Usava franja e cabelos muito compridos, emoldurando um pescoço curto e grosso, sempre envolto por uma gargantilha de pérolas. Não era um visual discreto, mas ela se saía bem **porque as roupas combinavam com sua silhueta**.

Desde aqueles tempos horrorosos, fomos adquirindo prática e observando a indústria da moda de todos os pontos de vista. Consideramos a "moda" uma atividade muito fútil, que quanto mais alta, mais absurda se torna. Porém, no que se refere às roupas, é preciso levar a coisa a sério. **Quando fazemos uma compra, queremos que nossa aquisição dê uma sacudida em nossa vida**. E quando estamos nos vestindo, o que a gente quer mesmo é que nossa fada madrinha nos transforme numa *top model*. Infelizmente, para a maioria das mulheres, essa fada madrinha não passa de uma ilusão que surgiu a partir de fotos de modelos muito jovens, posando nas páginas deslumbrantes das revistas de moda – publicações que mostram imagens inimitáveis, às quais nenhuma mortal ousaria se comparar. O resultado de tentar ficar parecida com elas é uma frustração enorme. Você até tenta fazer isso, mas geralmente fica desapontada com o resultado. E a frustração corrói tudo, e dá um desânimo…

Por termos trabalhados com um grupo enorme de mulheres em nosso programa *What Not to Wear*[*], da BBC, pudemos constatar, em primeira mão, a insegurança e a frustração no universo feminino. Algumas mulheres achavam as roupas ridículas; outras tinham certeza de que não havia esperança para elas. Muitas só conseguiam enxergar o que mais detestavam em seu corpo. Assim que mostrávamos que tinham belos tornozelos, busto atraente ou costas bonitas, elas começavam a **sentir a possibilidade de se tornarem**

[*] O programa britânico *What Not to Wear* é exibido no Brasil pelo canal a cabo People and Arts, com o nome de *Esquadrão da Moda*. (N. T.)

elegantes. Muita gente considera nossas táticas desagradáveis e implacáveis, mas estamos satisfeitas com os resultados. Cada mulher que apareceu no programa se transformou num **claro exemplo de autoconfiança**. Os homens acham que as mulheres são umas loucas por se preocuparem tanto com roupas. Mas sabemos que, no final das contas, **a aparência pode influir muito em nossa vida**. Uma aparência *sexy* faz a gente se sentir *sexy*. Uma aparência profissional nos ajuda a conseguir aquele emprego. **Mas, primeiro, você precisa tomar consciência das suas formas**.

Esperamos que todas as mulheres que lerem este livro sintam que estamos brigando com elas para que prestem mais atenção em si mesmas. Passe isso para suas amigas, mas não para as pessoas de quem você não gosta. Os homens não precisam saber **como, de repente, você se tornou uma sereia**. As colegas de trabalho podem ficar se mordendo de curiosidade, imaginando o que você fez para parecer mais magra, radiante e sofisticada. **Esta será sua arma secreta. E lembre-se: mais importante do que as dicas que você vai receber é sua atitude de parar de cometer os mesmos erros**. Desde que siga as regras, será possível esquecer o que está na moda. Mas, se você tem paixão pelo que está na moda, então **adapte as tendências da estação ao seu visual**.

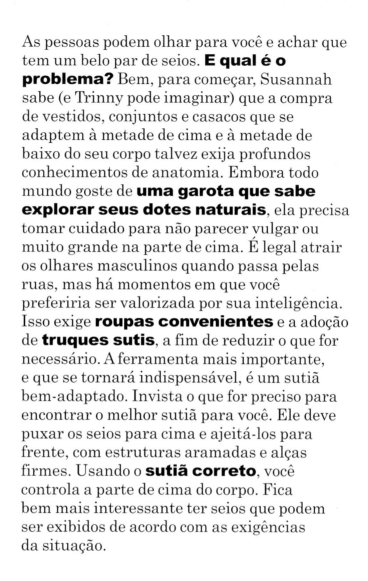

As pessoas podem olhar para você e achar que tem um belo par de seios. **E qual é o problema?** Bem, para começar, Susannah sabe (e Trinny pode imaginar) que a compra de vestidos, conjuntos e casacos que se adaptem à metade de cima e à metade de baixo do seu corpo talvez exija profundos conhecimentos de anatomia. Embora todo mundo goste de **uma garota que sabe explorar seus dotes naturais**, ela precisa tomar cuidado para não parecer vulgar ou muito grande na parte de cima. É legal atrair os olhares masculinos quando passa pelas ruas, mas há momentos em que você preferiria ser valorizada por sua inteligência. Isso exige **roupas convenientes** e a adoção de **truques sutis**, a fim de reduzir o que for necessário. A ferramenta mais importante, e que se tornará indispensável, é um sutiã bem-adaptado. Invista o que for preciso para encontrar o melhor sutiã para você. Ele deve puxar os seios para cima e ajeitá-los para frente, com estruturas aramadas e alças firmes. Usando o **sutiã correto**, você controla a parte de cima do corpo. Fica bem mais interessante ter seios que podem ser exibidos de acordo com as exigências da situação.

muito busto

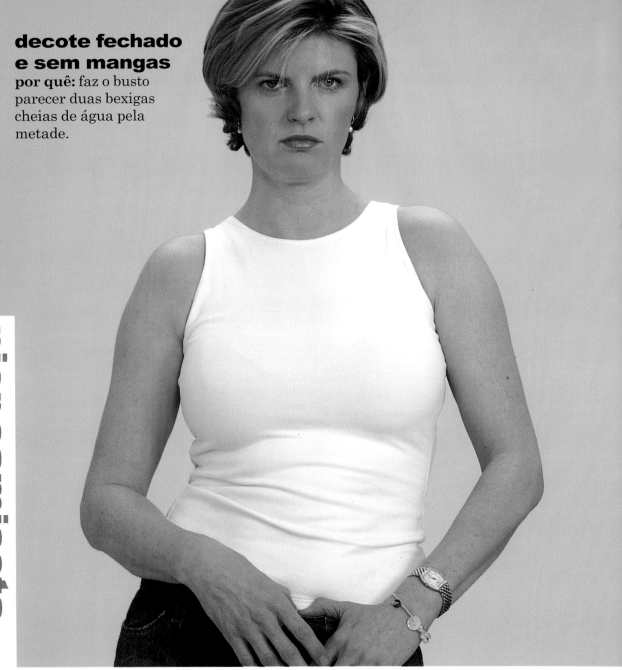

decote fechado e sem mangas

por quê: faz o busto parecer duas bexigas cheias de água pela metade.

pior camiseta

<u>ou</u>

camiseta com gola careca

por quê: transforma o busto numa grande massa disforme.

bem decotada

por quê: o decote amplo
divide o colo e evita que os
seios pareçam um
prolongamento do queixo.

alternativa

decote em V e sem mangas

por quê: o V quebra o volume do colo (a ausência de
mangas é para aquelas sortudas que têm braços bem
torneados e colo atrevido).

blusa de gola alta ou frente única

por quê: o busto fica parecendo um pudim sem consistência

pior blusa

ou

regata com gola careca

por quê: é quase inevitável que peitos grandes tenham ao lado braços grandes, que devem ficar escondidos o tempo todo.

justa em torno da cintura e folgada no peito

por quê: o tecido folgado no peito dá a impressão de que a região não está totalmente cheia. Por comparação, a cintura vai parecer minúscula.

em forma de corselete, com mangas

por quê: realça os seios sem parecer vulgar.

alternativa
blusa traspassada
por quê: projeta os seios e ressalta a cintura.

paletó curto, de linhas retas

por quê: faz a parte de cima do corpo assumir uma silhueta quadrada, sem forma e pesada.

ou

gola "mao"

por quê: qualquer coisa abotoada no pescoço fará os seios parecerem maiores do que são.

**bem acinturado,
profundo decote em V,
corte até os quadris
e lapela estreita**

por quê: a pouca altura alonga
as pernas e o decote em V
divide os seios.

melhor casaco

frente única

por quê: difícil de usar sutiã, o que significa seios escapando pelas laterais, além de destacar e aumentar o tamanho dos ombros.

pior vestido

ou
tubinho de listras finas
por quê: a delicadeza das listras realça o tamanho dos ombros e do peito.

vestido traspassado

por quê: afina a cintura, além de dividir e separar o busto, disfarçando seu tamanho.

decote quadrado, inteiriço, acinturado e com mangas três-quartos

por quê: alonga o pescoço, tornando a silhueta elegante, em vez que emendar o busto no queixo.

alternativa

vestido de noite com decote profundo, franzido com um cordão

por quê: esconde a barriga; o tecido franzido ajuda a diminuir o tamanho do busto e evita a modelagem dos seios.

pontos grandes
por quê: o tricô de pontos grandes deixa o tronco volumoso.

o̤ṳ
gola rulê
por quê: o busto assume o papel de terceiro queixo.

alternativa
cardigã de decote redondo desabotoado acima do sutiã
por quê: salienta aquela bela fenda, com a vantagem de que pode ser abotoado, se estiver frio ou se você se sentir muito exposta.

alternativa
profundo decote em V em malha fina
por quê: uma malha fina deixa você agasalhada e esbelta, e o V do decote dividirá os seios, mostrando o que Deus lhe deu, em vez de deformar o busto.

cardigã traspassado
por quê: é possível deixá-lo bem justo, pois os seios sempre ficarão afastados.

melhor suéter

gola alta

por quê: qualquer vestimenta fechada até o pescoço sempre deformará o busto.

ou

abotoamento duplo

por quê: duas fileiras de botões ampliam o peito, prejudicando a impressão de proporções perfeitas.

e

capa com cinto

por quê: cria um volume indesejado numa região em que o busto já ocupa muito espaço.

**cintura marcada,
com lapela estreita
e saia ampla**
por quê: a profundidade do
decote rompe o volume peitoral
exagerado.

melhor sobretudo

Sutileza é sexy; vulgaridade, não.

regras de ouro para muito busto

Nunca use decote alto e gola careca.

Nunca use suéter de pontos grossos.

Os paletós "mao" só servem para homens.

Nunca saia de casa sem fazer o teste do sutiã. Se der para ver o contorno da costura ou a renda, troque-o.

Evite golas rulês caneladas – com elas, o busto parece que nasce no pescoço.

Livre-se das roupas que não servem para você, mesmo que goste muito delas.

Nunca use *lingerie* mais escura do que as roupas que estiver vestindo.

regras de ouro

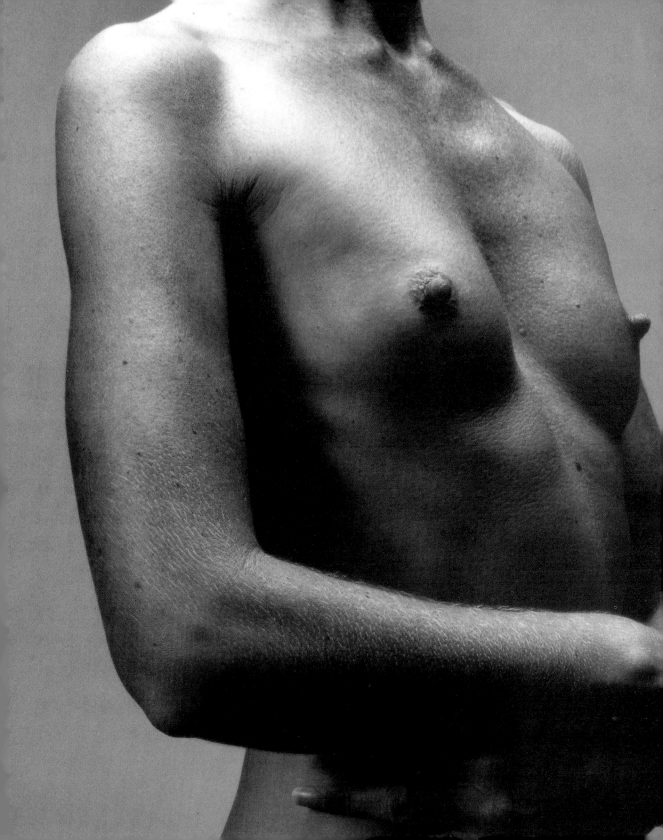

Se os seus **seios são pequenos**, talvez tenha sempre sonhado em ter busto grande, quem sabe pensou numa plástica e até experimentou todos os exercícios possíveis para aumentar aquilo que lhe faltava. A ironia é que muitas mulheres com seios enormes morrem de inveja das pouco dotadas. A maior vontade de Susannah é poder usar roupas que caem bem em Trinny. Muitas **roupas parecem mais bonitas** quando usadas por mulheres com pouco busto. O caimento fica melhor, e sem dúvida isso deve ser um fator que compensa uma auto-imagem pouco *sexy*. Você **não precisa de busto para ser atraente**, e pelo menos pode escolher entre ter busto, num dia, e não tê-lo, em outro. É possível incrementar sua sensualidade com sutiãs dotados de enchimento de tecido ou de silicone. Sabemos que, às vezes, isso é difícil para as jovens desligadas, pois principalmente os garotões precisam encher os olhos com peitões antes mesmo de puxar conversa. Talvez isso não seja ruim se você encarar a situação de outro modo, e **seus seios pequenos** vão servir para fazer uma triagem dos idiotas que existem por aí. **Outra vantagem**: não existe um único paletó ou jaqueta com os quais você não fique deslumbrante.

amplo decote arredondado

por quê: acentua um colo ossudo que fica parecendo mais uma bexiga vazia do que um belo busto.

ou

profundo decote em V, com mangas três-quartos

por quê: o V funciona como uma seta que aponta para o desapontamento de não ter nada para preencher o vazio.
As mangas três-quartos mostram a parte mais magra do pulso, fazendo com que o efeito geral fique muito esquelético.

decote alto, cavada nos braços

por quê: a atenção é atraída para os braços, que costumam ser magros.

alternativa

decote canoa e sem mangas

por quê: o decote canoa alarga os ombros e a falta de mangas cria uma silhueta de "cabide", normalmente restrita às modelos.

2

tipo corselete

por quê: como foi projetada para realçar o busto, se não houver nenhum enchimento, então o conjunto fica a desejar.

pior blusa

ou

tomara-que-caia

por quê: numa mulher com muito busto fica legal; numa que não tem nada, parece uma faixa sem nada para mantê-la no lugar.

frente única

por quê: aproxima os seios, fazendo uma "massa" frontal; há sutiãs próprios para usar com frente única, e os bustos pequenos combinam com o corte angular desse tipo de blusa. Também exibe os ombros, que são um substituto *sexy* para a fenda dos seios.

alternativa
blusa sem mangas com detalhes aplicados na frente
por quê: babadinhos e passamanarias cobrem o peito e disfarçam a ausência de busto.

linha império

por quê: o caimento é igual ao do hábito de uma freira. O que menos se precisa, aqui, é de castidade.

ou

colantes e vestidos justos de alças finas

por quê: não há nada pior do que uma camisinha que não está devidamente recheada. Um colante numa mulher sem busto não é nada *sexy* e frustra o olhar.

decote alto
e um pouco de
transparência

por quê: os seios pequenos passam despercebidos quando se mostram os mamilos sutilmente. Se não houver exageros, pode ficar bem *sexy*.

decote na frente
e nas costas

por quê: você não deve adotar esse visual se precisar levantar os seios artificialmente; caso contrário, fica muito sedutor.

alternativa
sem costas

por quê: costas bonitas são tão cobiçadas quanto um colo perfeito.

qualquer coisa muito fina e de decote baixo

por quê: as malhas finas colam na pele, criando um efeito de camiseta molhada que aperta uvas em vez de pêssegos.

gola rulê volumosa

por quê: numa mulher abençoada com pouco busto resultará num visual muito elegante, e a gola não fica parecendo outro queixo, como em uma mulher com muito busto.

alternativa
mangas bem compridas, com decote redondo
por quê: as linhas simples deste modelo não são prejudicadas pelo volume de seios grandes.

Lembre-se: talvez você não tenha nascido com estilo, mas pode criá-lo.

regras de ouro para pouco busto

Decotes extremos só para as que têm colo perfeito, sem marcas do sol ou da idade.

Os corseletes são para as que têm seios.

A falta de busto exige decotes altos.

Os enchimentos de silicone para aumentar o busto sempre devem ficar bem presos ao sutiã, ou poderão cair na sopa durante o jantar.

As costas são uma alternativa *sexy*, por isso mantenha-as lindas e bem tratadas.

Livre-se das roupas que não servem para você, mesmo que as considere velhas amigas.

Se estiver usando um *jumper* com decote em V, coloque sempre uma camiseta por baixo.

Talvez você pense que um decote quadrado dê a aparência de seios fartos, mas, ao contrário, só mostra um espaço vazio.

Braços volumosos são uma praga quando o tempo está muito quente, mas parece que ninguém liga a mínima. As mulheres não têm nenhuma vergonha de desnudar aqueles braços enormes que **precisariam ficar cobertos**, e nos afrontam o tempo todo. Mas a culpa não é só delas. As confecções deveriam pensar melhor no mercado. No entanto, elas nem se preocupam com isso e lançam blusas e vestidos sem mangas, que são fotografados pelas revistas de moda. Susannah, cujos braços alimentariam uma família de seis pessoas, acha as **roupas sem manga um horror**. A cada mês, ela folheia aquelas revistas e se aborrece. Dona de braços bem "fortes", o que **poderia usar no verão**? Que raios de roupa *habillé* ela pode vestir, já que os braços precisam ficar escondidos? Ir à festa parecendo uma lutadora de sumô, ou simplesmente não dar bola. Se houvesse mais confecção de roupas com mangas, o problema daquelas pelancas balançantes deixaria de existir, e mulheres como Susannah **não sentiriam mais a frustração de precisar vestir** camisetas, cardigãs ou vestidos deselegantes.

braços volumosos 3

manga curtíssima

por quê: em braços volumosos, essas mangas iriam parecer uma touca de natação esticada por cima de um monte de carne.

ou

regata

por quê: você gostaria que todo mundo visse sua imperfeição física mais horrenda? Esconda os malditos braços, pelo amor de Deus.

alternativa
camisetas de mangas compridas
por quê: obviamente, as mangas encobrem os pecados; mas tome cuidado para que elas não fiquem apertadas demais, o que daria a impressão de que são salsichas embaladas a vácuo.

mangas três-quartos
por quê: para disfarçar a flacidez do braço e deixar à mostra o pulso delicado.

melhor camiseta

com elástico na manga

por quê: a manga fica bufante, isto é, franzida e inflada, o que cria duas salsichas gordas e articuladas.

ou

frente única

por quê: o afilamento da parte de cima da blusa só servirá para dar mais destaque ao volume dos braços.

punhos soltos

por quê: punhos de tecido transparente conferem uma certa leveza aos braços carnudos, disfarçando a terrível verdade.

melhor blusa

alternativa
cavas maiores

por quê: mais espaço na cava acomoda o braço mais gordinho e não aperta, o que dá a impressão de que há algo mais elegante lá dentro.

**tubinho
de alça**
por quê: a delicadeza
deste tecido
trabalhado só faz
realçar o volume
enorme dos braços.

ou
vestido sem mangas e não acinturado
por quê: as pessoas vão ficar imaginando como aqueles
braços poderosos conseguiram passar pela cava do vestido.

manga boca-de-sino: quanto mais exagerada, melhor

por quê: como as calças de boca larga para quem tem coxas grossas, a amplidão dos punhos equilibra o volume dos braços.

alternativa
com mangas

por quê: em qualquer traje, as mangas alongam os antebraços e conferem um visual mais elegante e gracioso.

alternativa
vestido com manga e estampa miúda

por quê: o movimento da estampa desvia o olhar dos braços.

bracelete enorme

por quê: normalmente, deveria deixar o braço mais fino. Mas vê-se que isso não ocorre, pois esconde a parte mais magra: seu pulso.

pior bijuteria

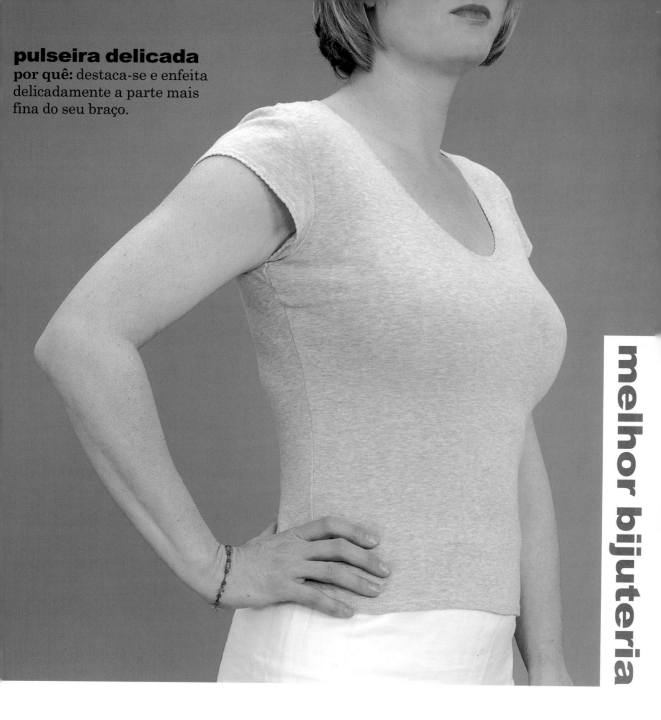

pulseira delicada
por quê: destaca-se e enfeita
delicadamente a parte mais
fina do seu braço.

melhor bijuteria

Não tenha medo
de parecer
diferente de
suas amigas.

regras de ouro para braços volumosos

Braços gordos devem sempre usar mangas.

Mangas bufantes estão definitivamente proibidas: destacam os braços volumosos.

Estampas miúdas disfarçam o excesso de volume.

Seja implacável: livre-se das roupas que não combinam com você e compre outras mais adequadas.

regras de ouro

A maioria das mulheres que têm bumbum grande detesta seu traseiro. Mas, desde que ele seja atrevido, **não tem importância o tamanho**. Há um toque muito *sexy* numa bundinha arrebitada. Por isso, em vez de tentar escondê-la, **exiba-a**. Não tenha medo de usar saias justas; os homens preferem algo polpudo para agarrar. Para recobrir as nádegas, pense em como uma barriguinha de gravidez fica melhor: as que são mostradas com **roupas justas** ficam mais favorecidas do que as recobertas por franzidos e drapeados. Tecidos cujo caimento é muito volumoso a partir do bumbum transformam suas coxas e seus quadris numa massa única. Um traseiro desproporcionalmente grande não é legal. Assim, o que você precisa é de um **astucioso conjunto de truques** para desviar o olhar, levando o observador a acreditar que seu bumbum é mais harmonioso. O problema do **traseiro mais carnudo** é que, se uma saia ou uma calça serve nos quadris, é bem provável que não sirva na cintura. Aí, talvez você tenha de se conformar em levar a peça para uma costureira ajustá-la no cós.

bumbum grande

4

pior calça

justa e de cintura alta

por quê: o cós alto em torno da cintura faz o bumbum parecer maior, pois há mais tecido.

ou

pregas na frente

por quê: as pregas serão repuxadas pelo volume do bumbum.

e

calça fuseau

por quê: deixa os tornozelos finos, mas faz a bunda parecer enorme.

cintura baixa e pernas pouco justas

por quê: o corte de cintura baixa divide a área do bumbum, dando a impressão de que tem metade do tamanho.

melhor calça

alternativa
corte folgado nas pernas
por quê: mantém tudo equilibrado, não marca o bumbum, pois tem um caimento que não o acentua.

casaco curto

por quê: simplesmente é muito pequeno para encobrir uma coisa tão grande.

ou

casaco com barra que termina sobre ou em cima do bumbum

por quê: só vai aumentar sua largura.

e

casaco longo, reto, que não marca a silhueta

por quê: ficará muito justo nos quadris e muito largo na cintura.

alternativa
paletó acinturado que termina
abaixo do bumbum
por quê: encobre o volume indesejado, mas mantém
a silhueta definida, mesmo ocultando a verdade.

visual acinturado
que alarga no
bumbum
por quê: disfarça e equilibra
o bumbum, o que resulta
numa silhueta feminina.

corte evasê

por quê: uma bundinha arrebitada numa saia evasê puxa o tecido para cima e levanta a saia atrás, o que faz a região parecer muito maior. Parece uma barriga de grávida… nas costas.

ou

saia reta

por quê: tem caimento sem graça; as coxas parecerão grossas e as panturrilhas vão lembrar alfinetes de bolinha saindo de um túnel.

boca-de-sino

por quê: delineia o traseiro e cria um formato em S, que deixa o bumbum mais elegante.

saia com pences

por quê: adapta-se a todos os pontos corretos. Feita sob medida, num bom tecido, lembra um espartilho que modela o corpo perfeitamente.

melhor saia

estampas grandes em tecido leve

por quê: os tecidos vaporosos não ajudam a segurar a flacidez e uma estampa chamativa só irá prejudicar o volume do bumbum.

ou

vestido godê longo

por quê: fará o bumbum parecer um pirulito no palito.

e

vestido justo atrás

por quê: se ficar justo no bumbum, não se ajustará a nenhuma outra parte do corpo.

**feito sob
encomenda
ou ajustado
(mas nada
de tubinhos,
por favor)**
por quê: proporciona
uma silhueta contida,
mas *sexy*.

4

As amigas talvez sejam grosseiras ao comentar seu novo estilo recém-descoberto — isso é pura inveja.

regras de ouro para bumbum grande

Nunca use casacos cuja barra fique logo acima das nádegas.

Marca de calcinha no traseiro é um horror.

Vista a roupa com a qual se sente melhor e procure entender por que você gosta tanto dela. O que ela cobre e o que revela?

Calças de cintura baixa diminuem o volume de seu traseiro pela metade.

Calças de cintura alta fazem o bumbum parecer ENORME.

regras de ouro

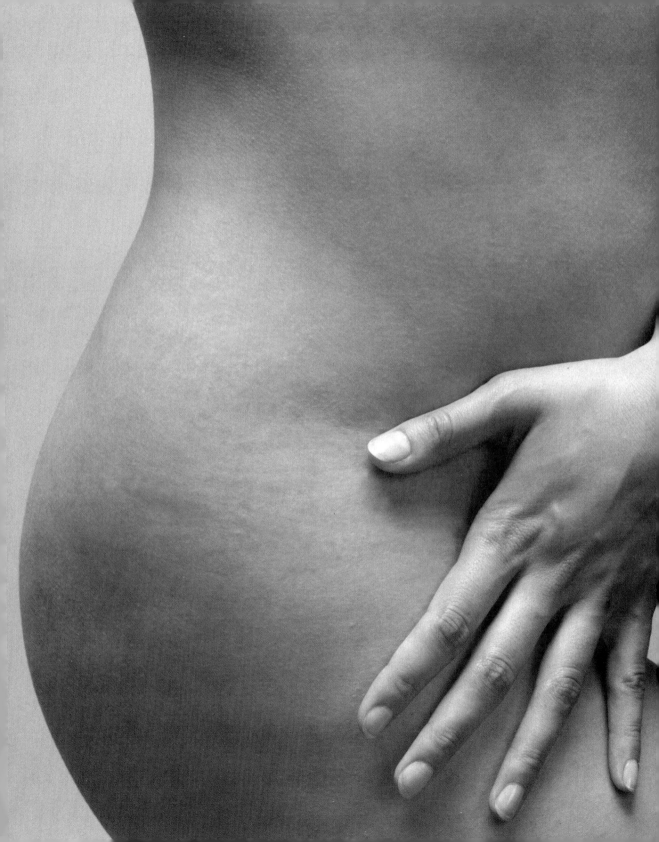

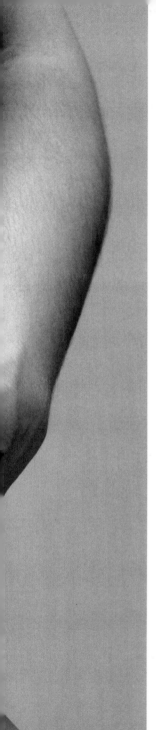

A falta de cintura pode **acabar com a feminilidade de uma mulher**. Basta lembrar até onde se foi, no passado, para criar uma cintura de uns 50 centímetros, coisa quase obrigatória. Cinturas mais largas eram submetidas a tal tortura com os espartilhos, que muitas vezes as moças desmaiavam. E por quê? **Para esculpir a clássica forma feminina**, que se assemelhava a uma ampulheta exagerada – uma silhueta marcada pelas curvas e pela feminilidade, aceitável pela sociedade por seu simbolismo. Felizmente, deixamos para trás aqueles dias em que a distinção entre os sexos era tão rígida, e hoje temos **liberdade para fazermos o que diabos quisermos**. Mesmo assim, seria interessante não ser confundida com um rapaz por alguém que nos vê de costas. Os espartilhos e as cintas modeladoras podem fazer milagres numa cintura, mas não são as únicas coisas capazes de lhe oferecer o que os seus genes resolveram economizar.

blusões soltos

por quê: talvez você seja tão curvilínea quanto um cabo de vassoura, o que não significa que tenha de ressaltar ainda mais essa carência com roupas disformes.

ou

cardigãs retos

por quê: o corte quadrado dessas roupas torna uma mulher tão *sexy* quanto um porco-espinho.

profundo decote em V
por quê: ele divide o tronco em dois, o que faz você se destacar mais pela aparência refinada do que por seu conteúdo.

em forma de corselete
por quê: nada como expor o colo para criar aquele ilusório visual de ampulheta.

alternativa
blusa traspassada
por quê: o tecido traspassado cria a sensação de curvas, principalmente quando as amarras são presas na lateral da cintura.

abotoamento duplo

por quê: as duas fileiras retas de botões não fazem nada para convencer o observador de que, sob aquela vestimenta, há um corpo com cintura.

ou

bolero

por quê: o bolero é tão curto que deixa toda a cintura exposta a um exame atento e a comentários maldosos.

alternativa

jaqueta de couro com zíper na frente

por quê: usada com um cinto solto, fará com que a parte de baixo da cintura pareça maior, diminuindo, assim, a parte de cima.

melhor casaco

acinturado

por quê: a cintura marcada irá abrir naturalmente em direção aos quadris, o que sugere curvas onde elas não existem.

tipo capa

por quê: desabotoado, fica patético e não oferece nada que se traduza em feminilidade. Com o cinto preso, vai chamar a atenção para o destaque oferecido pela pressão que divide seu corpo no meio.

ou

sobretudo de corte reto

por quê: se prender na cintura, vai ficar sobrando nas costas.

sobretudo acinturado

por quê: já que o corte modela a cintura, não estrague a linha mais curva abotoando-o. Deixe o casaco funcionar a seu favor.

tubinho

por quê: pense na princesa Diana, que só parecia mal vestida quando usava um vestido tubinho. Sem muita cintura, ela ficava masculinizada nesse tipo de roupa, que só combinava com Jackie Onassis e Audrey Hepburn. Por quê? Porque elas eram frágeis e tinham pernas longas, pouco busto e rosto quadrado.

vestido traspassado

por quê: assim como a blusa traspassada,
o vestido traspassado cria a ilusão de curvas.

melhor vestido

ajustado ao corpo, de tecido leve e estampas pequenas

por quê: o movimento da
estampa desvia a atenção do
problema da falta de
cintura. O tecido delicado é
uma distração a mais, pois
está sempre em movimento.

Faça uma boa vistoria no seu armário — isso é muito mais gratificante do que um dia de compras.

regras de ouro para sem cintura

Nunca use blusões soltos.

Profundos decotes em V afinam a cintura.

O espartilho ou a cinta modeladora ficaram bem mais confortáveis desde o século 19. Por isso, invista em um deles.

Cintos largos, caídos sobre os quadris, fazem a cintura parecer menor.

Roupa de baixo embolada é como a massa sob um rolo de macarrão: achata tudo.

Jogue fora todas as peças de seu guarda-roupa que tiverem traspasse com duas fileiras de botões.

Se os sobretudos ajustados ao corpo ficarem desabotoados, criarão a ilusão de cintura.

regras de ouro

Além de seios perfeitos, toda mulher deseja ter **pernas compridas**. Como no caso dos seios, pernas longas podem se transformar em motivo para odiar as mulheres que as têm, principalmente porque a cirurgia estética ainda não se aperfeiçoou a ponto de **aumentar o comprimento das pernas**. Trinny é totalmente solidária com as donas de perninhas curtas. Isso a marcou a vida toda. Em vez de aprender a conviver com elas, Trinny descobriu **como disfarçá-las** com bastante habilidade. Ninguém imaginaria que, ao espiar por baixo daqueles **paletós de linhas alongadas e calças boca-de-sino**, encontraria duas perninhas que combinariam mais com os amiguinhos da Branca de Neve. Se ela pode criar a **ilusão de pernas longas**, qualquer uma pode. E, como todos os problemas de solução fácil, nos sentimos muito frustradas ao ver mulheres que perdem o ânimo, entregando-se a uma imagem que mais lembra um cachorro bassê do que um galgo.

corsário

por quê: a calça que termina em qualquer ponto acima do tornozelo encurta as pernas. Quando as pessoas olham para as pernas cobertas por uma calça curta, tudo o que vêem é... a calça curta. E isso dá a impressão de que as pernas são ainda mais curtas.

pior calça

ou

calça capri

por quê: justa demais, sem espaço para lidar com o problema – as pernas curtas ficam muito expostas nesse modelo.

e

calça de cintura alta

por quê: aumenta visualmente o comprimento das costas e ressalta justamente o quanto seu traseiro é baixo.

pantalona

por quê: encobre a parte onde termina o bumbum e começa a cintura, fazendo as pernas parecerem mais longas.

alternativa
cores coordenadas

por quê: usar a mesma cor de calça, meias e sapatos alonga o comprimento das pernas.

alternativa
boca-de-sino

por quê: a largura da boca da calça recobre o sapato, por mais alto que seja. Faça com que as pernas da calça tenham comprimento suficiente para encobrir o calçado, quase chegando ao chão.

qualquer um muito justo

por quê: ficará agarrado no bumbum, revelando o terrível segredo de ter nádegas que quase despencam até o chão, encurtando as pernas.

usado sobre calça comprida

por quê: trata-se de um ótimo truque para disfarçar as pernas curtas, pois a calça comprida conta com uma cobertura a mais: o vestido.

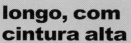

longo, com cintura alta

por quê: como qualquer peça no estilo império, esse tipo de vestido tem uma saia evasê que se abre a partir do busto, escondendo o ponto onde as pernas se juntam ao corpo.

bem curtinha, e só ela

por quê: deixa uma parte da barriga
à mostra, o que dá a impressão de que
as pernas não têm altura suficiente
para chegar até a barra da blusa.

pior blusa

blusas sobrepostas

por quê: se você tem pernas curtas, deve ter costas longas para compensar o comprimento. Seu tronco expandido precisa sofrer um corte com a sobreposição de blusas de tamanhos diferentes, o que, automaticamente, faz suas pernas parecerem mais longas.

melhor blusa

cintura baixa

por quê: seu comprimento chega até os ossos do quadril, o que deixa a área do cavalo da calça maior e exposta.

comprimento sete-oitavos
por quê: trata-se de um comprimento ótimo, desde que usado com calça e salto alto, senão irá achatar a silhueta.

alternativa
paletó longo
por quê: termina logo abaixo do bumbum, expondo o máximo possível das pernas.

melhor casaco

enviesada, terminando no meio da perna

por quê: esse comprimento difícil não mostra um trecho suficiente das pernas que dê para alongá-las, e as expõe demais para disfarçar o problema.

ou

saia longa e sapato baixo

por quê: isso faz você parecer que era uma pessoa de pernas longas... cujos membros foram cortados na altura dos joelhos.

saia longa e sapatos de salto alto

por quê: desde que os sapatos fiquem cobertos, as pessoas vão pensar que suas pernas devem ser longas e elegantes.

saia sete-oitavos com botas de cano alto

por quê: use tudo da mesma cor, e as pessoas irão se concentrar na bundinha empinada em cima de pernas, supostamente muito longas.

alternativa

barra logo abaixo dos joelhos

por quê: essa é a parte mais magra da perna e expõe sua panturrilha, o que oferece a oportunidade de exibir o máximo comprimento da perna.

melhor saia

Pendure roupas coloridas juntas, formando conjuntos — assim, você saberá sempre o que vestir.

regras de ouro para pernas curtas

Calça corsário só ressalta as pernas curtas.

Nunca use calça justa, que chama a atenção para onde termina o bumbum e começam as pernas.

Desça a barra da calça até quase encostar no chão, ao usar calça comprida com salto alto.

Nunca use saia com cinto folgado caindo sobre os quadris, pois suas pernas curtas darão a impressão de que foram cortadas ao meio.

Vestidos sobre calças disfarçam o ponto onde as pernas começam.

Use as cores a seu favor, alongando as pernas com a mesma cor nos sapatos, nas meias e na calça comprida.

Se você não sabe andar com sapatos de salto alto, eles não lhe trarão autoconfiança.

regras de ouro

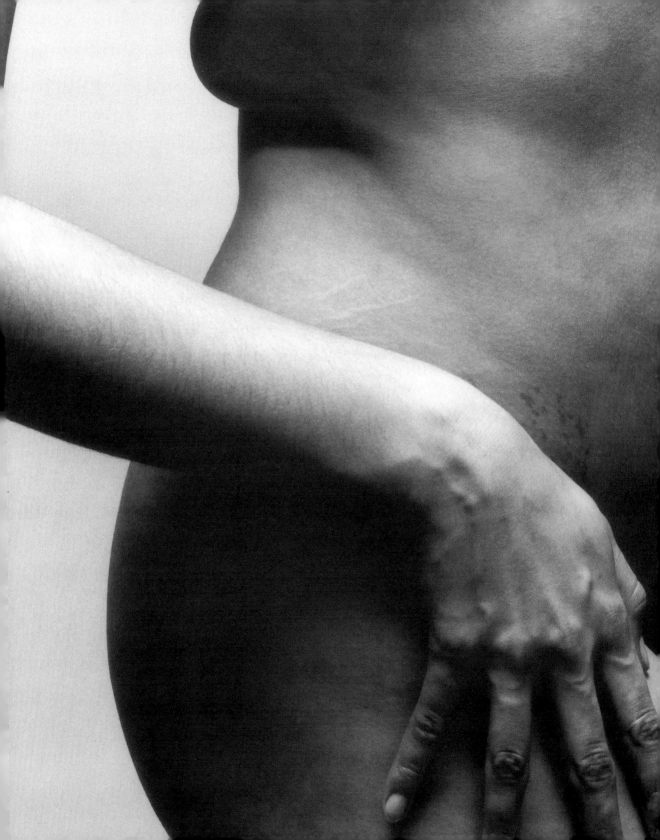

Empatado com a silhueta em formato de pêra como a **parte menos favorecida do corpo**, está o estômago dilatado. Poucas mulheres podem se orgulhar de ter uma barriguinha firme, mas existem aquelas que são aberrações genéticas ou que malham incansavelmente para adquirir a firmeza desejada. As demais são **vencidas pela flacidez**, que parece ter vida própria. Esse negócio de barriguinha firme é um horror, porque o objetivo de qualquer programa de exercícios é conseguir a rigidez da musculatura abdominal. Somos levadas a acreditar que não é possível ter um corpo bonito com **toda aquela gordura e aqueles pneus**. Isso é terrível para qualquer mulher que deseja ter um bebê ou que engorda só de pensar num sorvetinho (sem falar nas que deixam as gordurinhas bem expostas). Sabemos que a gravidez assim como o apetite normal e saudável podem fazer coisas medonhas para o corpo, mas sem uma plástica é quase impossível firmar a pele que um dia foi muito esticada. Por isso, **se você não consegue vencer a barriga flácida, disfarce-a**.

aderente à pele

por quê: não há nada pior do que a alça do sutiã marcando o peso de peitos grandes numa camiseta agarrada ao corpo. E mais: uma vista frontal de ondulações flácidas caindo em cascata pelas laterais do corpo seria suficiente para que Sansão quisesse continuar cego.

ou

camiseta curtinha

por quê: as camisetas que terminam 3 ou 4 centímetros acima da cintura deixam o principal pneu à mostra.

barra ligeiramente mais comprida na frente e atrás

por quê: o desenho sinuoso cobre discretamente a barriga, erguendo-se nas laterais para revelar a linha mais esbelta dos quadris.

alternativa
corpete justo
por quê: desde que não fique agarrado na gordura, esse modelo ajuda a delinear um tronco volumoso, e você fica elegante.

alternativa
blusa até a barriga
por quê: a barra que pára no meio da barriga quebra, visualmente, o seu volume.

alternativa
justa no busto
por quê: a blusa presa no busto deixa o tecido mais solto sobre a barriga, o que permite um belo disfarce.

pior blusa

top justo
por quê: ele sempre sobe,
mostrando a camada de banha
que se alojou na sua cintura.

blusa franzida

por quê: ninguém vai descobrir se é o tecido ou a sua barriga que cria aquelas ondulações.

alternativa
traspassada

por quê: os prendedores ficam altos o suficiente para erguer a cintura, deixando que a estreita "saia" da blusa recubra a barriga.

tubinho de lycra ou stretch

por quê: você vai parecer um monte de carne embutida numa tripa de salame.

pior vestido

<u>ou</u>

caftan

por quê: se você é volumosa em qualquer parte do corpo, esse tipo de roupa faz tudo parecer maior ainda. Roupas soltas demais não disfarçam as gorduras; ao contrário, evidenciam.

alternativa
vestido traspassado
por quê: exagerar no franzido ajuda a disfarçar a barriga.

alternativa
linha império
por quê: o que chama a atenção é o busto, de onde o tecido se abre para baixo. Isso funciona como uma tenda, sem esconder completamente a silhueta.

cintura baixa
por quê: prende-se aos quadris, funcionando como um cinturão sobre a barriga.

melhor vestido

cintura franzida
por quê: para que você vai querer uma saia volumosa? Já não basta ter um barrigão?

pior saia

ou

saia de corte reto
por quê: a saia ficará pendurada no pneu flácido da barriga, fazendo a região pélvica parecer enorme.

alternativa

saia envelope para as mais maduras ou sarongue para as mais jovens

por quê: o movimento das dobras esconde o que há por baixo.

frente pouco drapeada

por quê: os drapeados desviam o olhar da flacidez.

cintura baixa

por quê: a linha da cintura atravessa a barriga, reduzindo seu tamanho ao meio.

calça jeans muito justa

por quê: o estômago explode por cima da cintura muito apertada.

pior calça

ou

cintura baixa

por quê: não tem altura suficiente para disfarçar o estômago ou dar um mínimo de dignidade à barriga.

frente reta com zíper lateral

por quê: mantém a barriga no lugar, sem aquele esforço para fechar o zíper.

calcinhas reforçadas

por quê: estas calcinhas com cintas elásticas levantam o bumbum, diminuem a cintura e o abdome, mantêm tudo no lugar e não apertam as gorduras a ponto de saírem por cima, parecendo colarinho de chope. O sonho de toda barrigudinha.

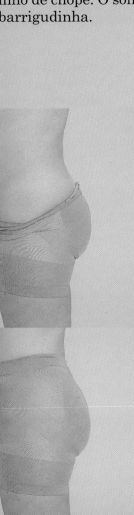

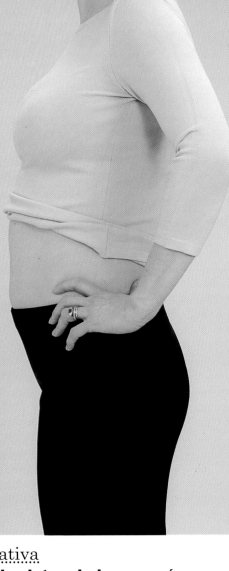

melhor calça

alternativa

jeans de cintura baixa, um número maior

por quê: fica solto na cintura, parecendo que está muito grande, e esconde seu problema constrangedor.

com cinto

por quê: o cinto cria um franzido que aumenta o volume de sua problemática circunferência.

pior casaco

alternativa

abotoamento simples desde o busto

por quê: desabotoado, deixa à vista apenas uma
pequena parte do que há por baixo.

melhor casaco

**curto e
acinturado**

por quê: a cintura
justa faz a parte
inferior do casaco se
abrir sobre a barriga,
como uma pequena
aba, disfarçando-a.

Estilo é usar algo que ninguém usa.

regras de ouro para barriga flácida

Nunca use roupas de cintura baixa.

Não se vista com tecidos colantes e brilhantes.

Procure roupas que deslizam em vez de grudar na pele.

Vestidos e blusas na linha império escondem os pneus.

Não use cintos muito apertados.

Use blusas que caem sobre a barriga sem ficar agarradas ao corpo.

Resista à tentação de fazer um *piercing* num umbigo flácido.

Nada de blusas curtinhas, mesmo que as gordurinhas sejam passageiras.

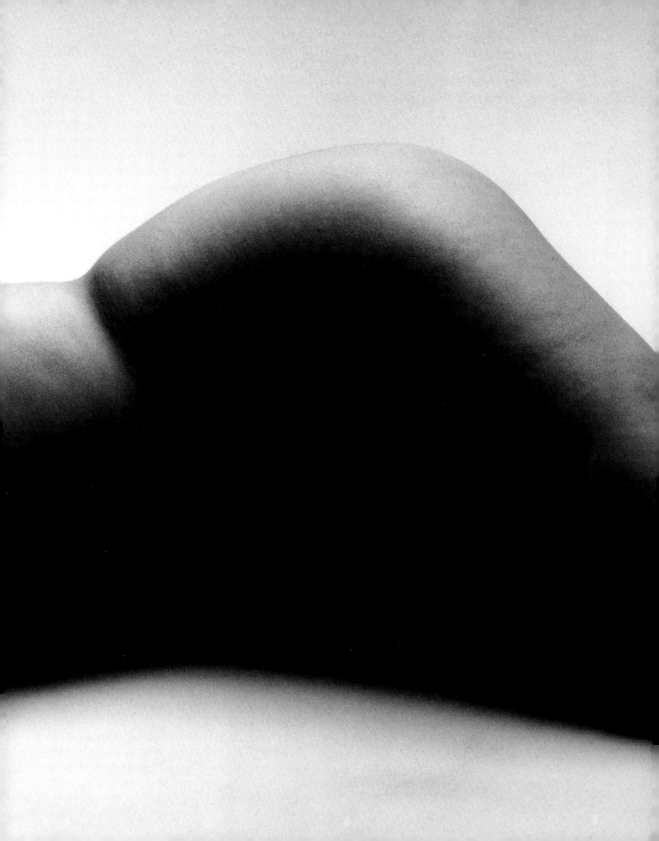

O **acúmulo de gordura nas laterais dos quadris** é um mal que afeta milhões de mulheres. Da mesma forma que a celulite, esse é um **fardo que apenas o sexo feminino carrega**, pois, a não ser em casos de obesidade mórbida, os homens estão livres dos culotes. Esse volume extra tem o poder de fazer com que uma mulher magricela tome até remédio para emagrecer. A pergunta **"Fico muito cadeiruda com isso?"** surge sempre que ela se veste. "Fica, sim", é a nossa resposta, "pois você insiste em usar roupas que funcionam como uma placa de néon, apontando para seus culotes". Se você tem formato de pêra e umas gordurinhas a mais nos quadris, sem dúvida deve achar difícil encontrar **calças compridas decentes** ou saias que sirvam e se adaptem certinhas à cintura e aos quadris. Talvez você queira xingar a indústria da moda, que não leva em consideração a existência das cadeirudas. Mas não seria melhor você se responsabilizar por fazer o problema desaparecer?

grande, branca e folgada

por quê: mesmo nos bons tempos, essas camisetas... na realidade, nunca houve bons tempos para camisetas folgadas, a não ser quando usadas como pano de chão... transformavam um ser humano levemente disforme em outro sem cintura marcada e com a parte de baixo do corpo em formato de pêra.

pior camiseta

decote canoa
por quê: a linha do decote
contrabalança a largura
dos quadris.

comprido e traspassado

por quê: blusas e agasalhos traspassados são roupas ótimas para reduzir peitões e criar cintura, porque a metade superior dessas vestimentas beneficia essas partes. No caso dos culotes, a bainha é que tem de assumir esse papel. Mas, infelizmente, esse tipo de suéter não consegue disfarçar as cadeiras grandes. Experimente e verá que a bainha se desloca para os lados e se acomoda na parte mais larga dos quadris.

um que se ajusta confortavelmente e assenta acima dos quadris

por quê: simples, sem excesso de tecido, mantém você esbelta na parte superior, enquanto a bainha, que termina acima dos quadris, serve para reduzir a cintura a ponto de ninguém perceber aquelas gordurinhas.

alternativa
malha bem curta
por quê: se você tem culotes, é provável que possua tronco estreito – daí a expressão "formato de pêra". O melhor jeito de disfarçar esse problema é mostrando um ousado trecho da barriga, contido por uma saia ou calça de cintura baixa, não muito justa.

pernas afuniladas

por quê: somos contra calças com pernas afuniladas, mais do que qualquer outro tipo de roupa. Elas deveriam ser banidas dos quatro cantos do mundo. E a mulher com culotes, que ousasse vestir uma dessas calças, deveria pagar uma multa pesada. Se você tiver uma, queime-a, pois o fato de ela se estreitar nos tornozelos só faz aumentar seus quadris em proporções catastróficas.

ou

pernas retas

por quê: mesmo neste caso, não há largura suficiente na barra para dar equilíbrio aos seus quadris.

ou

calça capri

por quê: é o golpe final para mulheres com formato de pêra. Todos aqueles rebites, bolsos, alças para cinto e zíper são demais para os culotes. Junto com tornozelos finos, esse tipo de calça arrasa qualquer silhueta já marcada pelo excesso de banha nos quadris.

boca-de-sino

por quê: traz de volta a década de 1970 e a mantém ali. Mesmo que as calças boca-de-sino saiam da moda, quem tem culotes deveria conservá-las, pois esse é o único tipo de calça que consegue reduzir as cadeiras a ponto de se tornarem insignificantes.

melhor calça

alternativa
pantalona
por quê: o tecido cai solto sobre os quadris, ocultando qualquer coisa anormal que haja embaixo da roupa.

corte enviesado

por quê: o corte oblíquo do tecido faz com que ele fique muito agarrado nos quadris. Isso é ótimo para quem tem corpo em forma de ampulheta, mas é um estilo suicida para mulheres com formato de pêra, pois deixa as cadeiras muito mais pronunciadas, sem dúvida como um torpedo.

ou

saia com pences

por quê: marca muito o formato de pêra. Esse tipo de saia é tão inadequado para você quanto usar um telescópio para ampliar seus culotes e exibi-los no Museu de Arte Moderna...

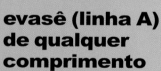

evasê (linha A) de qualquer comprimento

por quê: o tecido desliza pelo corpo e ultrapassa a catástrofe física da linha dos quadris volumosos. Isso impede que o observador se dê conta do seu obscuro segredo.

com recortes

por quê: qualquer casaco que chegue até os quadris em sua parte mais ampla ficará medonho sobre culotes. Você pode até se dar bem com um paletó curto, usado com uma saia evasê, mas o casaco recortado, com o comprimento clássico, só irá desmascarar aquelas cadeiras que estão loucas para se esconder.

ou
paletó acinturado

por quê: se servir nos quadris, ficará sobrando em todo o resto.

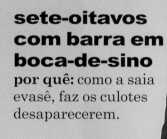

sete-oitavos com barra em boca-de-sino

por quê: como a saia evasê, faz os culotes desaparecerem.

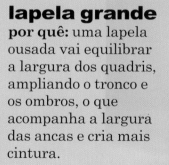

lapela grande

por quê: uma lapela ousada vai equilibrar a largura dos quadris, ampliando o tronco e os ombros, o que acompanha a largura das ancas e cria mais cintura.

melhor casaco

Mantenha tudo
em ordem —
as coisas só
vão funcionar se
você conseguir
encontrá-las.

regras de ouro

regras de ouro para culotes

Nunca use saias ou vestidos de corte enviesado, a menos que deseje que todos voltem o olhar para o seu pior defeito.

Nunca use paletó até os quadris, pois só irá acentuar as cadeiras.

Lembre-se de equilibrar a silhueta com a escolha de saias evasês e botas de cano alto, ou calças com boca-de-sino.

Os sobretudos são melhores que os paletós ou as jaquetas.

A calça fuseau serve apenas para fazer ginástica e nada mais.

Vista uma roupa que você nunca usa. Pergunte-se por que, exatamente, ela não lhe cai bem.

regras de ouro

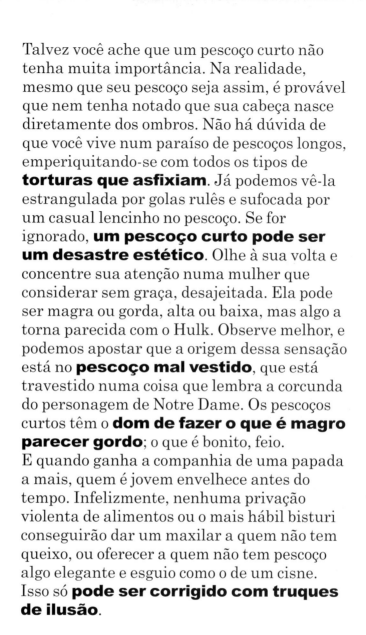

Talvez você ache que um pescoço curto não tenha muita importância. Na realidade, mesmo que seu pescoço seja assim, é provável que nem tenha notado que sua cabeça nasce diretamente dos ombros. Não há dúvida de que você vive num paraíso de pescoços longos, emperiquitando-se com todos os tipos de **torturas que asfixiam**. Já podemos vê-la estrangulada por golas rulês e sufocada por um casual lencinho no pescoço. Se for ignorado, **um pescoço curto pode ser um desastre estético**. Olhe à sua volta e concentre sua atenção numa mulher que considerar sem graça, desajeitada. Ela pode ser magra ou gorda, alta ou baixa, mas algo a torna parecida com o Hulk. Observe melhor, e podemos apostar que a origem dessa sensação está no **pescoço mal vestido**, que está travestido numa coisa que lembra a corcunda do personagem de Notre Dame. Os pescoços curtos têm o **dom de fazer o que é magro parecer gordo**; o que é bonito, feio.
E quando ganha a companhia de uma papada a mais, quem é jovem envelhece antes do tempo. Infelizmente, nenhuma privação violenta de alimentos ou o mais hábil bisturi conseguirão dar um maxilar a quem não tem queixo, ou oferecer a quem não tem pescoço algo elegante e esguio como o de um cisne.
Isso só **pode ser corrigido com truques de ilusão**.

gola olímpica

por quê: como essa mixa gola rulê vai até metade do pescoço, deixa à vista apenas a outra metade daquilo que já é uma característica física pateticamente curta.

ou
gola rulê

por quê: se o seu pescoço curto também for atormentado por uma ou mais papadas, elas vão escapulir por cima da gola, e você vai parecer um peru com problema na tireóide.

e
gola careca

por quê: é muito fechada para oferecer a ilusão de alongamento do pescoço.

alternativa

decote amplo

por quê: revela uma parte maior dos ombros, que, se estiverem numa boa postura, fazem o pescoço parecer mais alongado e elegante.

melhor decote

em V profundo

por quê: expõe toda a região do colo, criando um prolongamento do pescoço e tornando-o muito mais comprido.

gola "mao"

por quê: tem o mesmo papel que a gola olímpica, o que significa asfixia estética provocada por um colarinho que parece muito apertado, ofuscando um pescoço que precisa "crescer".

ou
blusa sem gola

por quê: isso é um erro, principalmente quando há um pouco de papada. Blusas sem gola não ajudam em nada e o queixo duplo transborda, tornando-se a primeira coisa a ser vista no decote.

levantada atrás

por quê: a altura da gola dá origem a um pescoço que emerge elegantemente de sua dobra. Desabotoe os primeiros botões da blusa, a fim de alongar ainda mais o pescoço.

melhor gola

gargantilha tipo coleira

por quê: vai parecer mais a coleira de um buldogue corpulento do que um enfeite chique para o pescoço. É muita areia para um caminhãozinho tão pequeno como o de um pescoço curto.

pior colar

gargantilha delicada

por quê: pela natureza delicada
do colar, ele confere a seu pescoço
mais espaço para brilhar
sozinho, sem nada que o
reprima. Melhor ainda se
estiver solto na base do
pescoço ou abaixo.

sem brincos

por quê: pescoço curto sem brincos não passa de um pescocinho que você deixa escancarado para ser avaliado. Pendurados ao lado do pescoço, os brincos atuam como pisca-piscas que desviam o olhar do comprimento inadequado dessa parte do corpo.

pior brinco

brincos compridos

por quê: se os brincos forem longos, refletirão seu comprimento para o pescoço. O que ocorre é que os brincos encompridam a extensão do pescoço até os lobos das orelhas, em contraste com o maxilar.

Reavalie seu corte de cabelo. Ele é o mesmo há anos? Isso pode lhe dar segurança, mas talvez seja hora de mudar.

regras de ouro para pescoço curto

A única ocasião em que você pode sair com um monte de ouro é quando esse metal precioso está nos seus dentes.

O pescoço curto que sustenta uma cabeça pequena nunca deve estar usando golas volumosas.

Brincos longos parecem "esticar" o pescoço.

Quanto maior for a impressão de que há muita distância entre o maxilar e o busto, mais comprido o pescoço vai parecer.

A gola olímpica só faz ressaltar o pescoço atarracado.

Não dê nó em echarpes e pashminas; enrole-os duas vezes em volta do pescoço.

Quanto mais você expuser a fenda dos seios, maior será a ilusão de pescoço longo, principalmente no decote em V.

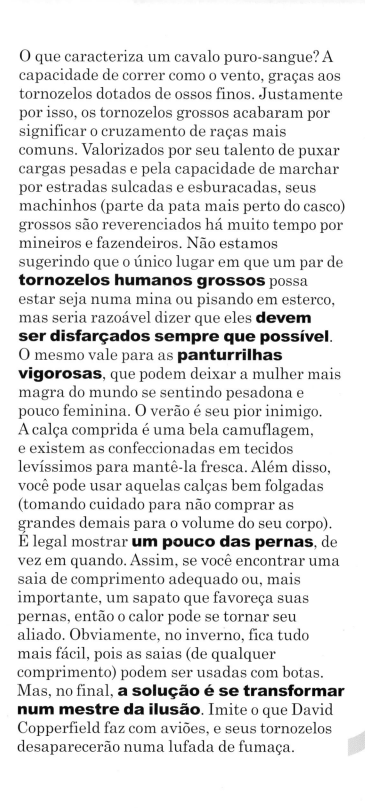

O que caracteriza um cavalo puro-sangue? A capacidade de correr como o vento, graças aos tornozelos dotados de ossos finos. Justamente por isso, os tornozelos grossos acabaram por significar o cruzamento de raças mais comuns. Valorizados por seu talento de puxar cargas pesadas e pela capacidade de marchar por estradas sulcadas e esburacadas, seus machinhos (parte da pata mais perto do casco) grossos são reverenciados há muito tempo por mineiros e fazendeiros. Não estamos sugerindo que o único lugar em que um par de **tornozelos humanos grossos** possa estar seja numa mina ou pisando em esterco, mas seria razoável dizer que eles **devem ser disfarçados sempre que possível**. O mesmo vale para as **panturrilhas vigorosas**, que podem deixar a mulher mais magra do mundo se sentindo pesadona e pouco feminina. O verão é seu pior inimigo. A calça comprida é uma bela camuflagem, e existem as confeccionadas em tecidos levíssimos para mantê-la fresca. Além disso, você pode usar aquelas calças bem folgadas (tomando cuidado para não comprar as grandes demais para o volume do seu corpo). É legal mostrar **um pouco das pernas**, de vez em quando. Assim, se você encontrar uma saia de comprimento adequado ou, mais importante, um sapato que favoreça suas pernas, então o calor pode se tornar seu aliado. Obviamente, no inverno, fica tudo mais fácil, pois as saias (de qualquer comprimento) podem ser usadas com botas. Mas, no final, **a solução é se transformar num mestre da ilusão**. Imite o que David Copperfield faz com aviões, e seus tornozelos desaparecerão numa lufada de fumaça.

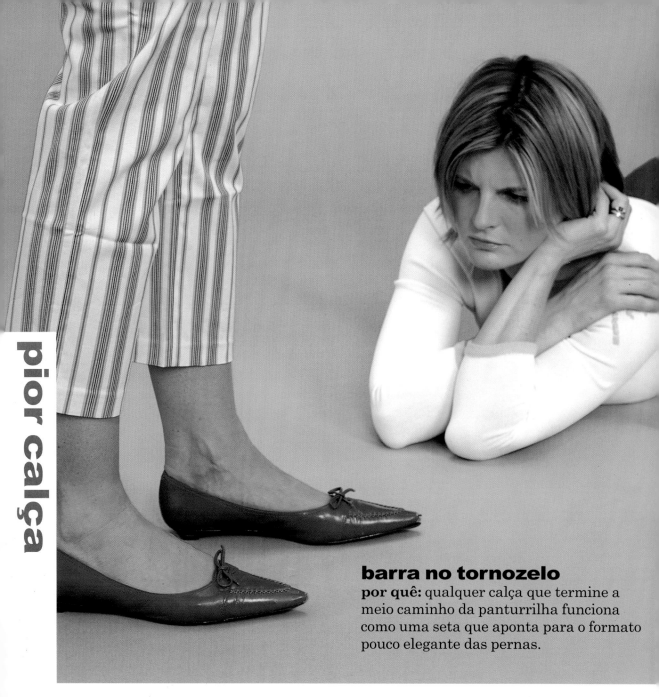

barra no tornozelo

por quê: qualquer calça que termine a meio caminho da panturrilha funciona como uma seta que aponta para o formato pouco elegante das pernas.

ou

fuseau

por quê: para que pôr roupa, então? Conseguimos ver não apenas a celulite, como aquelas panturrilhas horrorosas, que serão punidas por insultar escandalosamente as leis da estética.

e

jeans com pernas afuniladas

por quê: não há nada mais grotesco do que uma gorda barriga da perna entalada dentro da boca estreita de um *jeans*.

boca-de-sino
por quê: nenhum tecido conseguirá ficar agarrado inconvenientemente numa panturrilha, já que tudo fica escondido e a perna é alongada, quando o comprimento disfarça até o salto alto de matar do sapato.

bainha na barriga da perna

por quê: uma panturrilha grossa com saia de comprimento médio faz lembrar um *iceberg*, só que neste caso é a enorme barriga da perna que fica exposta, ressaltando a grossura dos tornozelos.

ou

corte enviesado

por quê: o corte oblíquo do tecido proporciona um caimento sedutor. Isso significa que, por comparação, tudo o que aparecer da barra para baixo vai parecer enorme.

e

até o tornozelo

por quê: a única coisa que aparecerá para baixo da barra será um par de tornozelos, o que os transforma no triste destaque da vestimenta.

**evasê até
os joelhos**
por quê: quanto mais
ampla for a saia, mais
delgados parecerão o
tornozelo e a barriga
da perna.

com tira no tornozelo

por quê: envolver o tornozelo insultante vai dar a impressão de que ele está sendo pego no laço, o que chama a atenção para sua aparência inadequada.

pior calçado

ou
mule com salto carretel

por quê: parece que o delicado saltinho não vai agüentar o peso da panturrilha, e a frente fechada divide o pé pela metade, o que, visualmente, dá a impressão de que foram surrupiados de 8 a 10 centímetros da perna.

e
calçado baixo de ponta fina

por quê: o tornozelo fica apertado pela delicadeza do sapato e parece até maior. Esse tipo de calçado também costuma deixar o pé inchado, transformando o tornozelo numa catástrofe total.

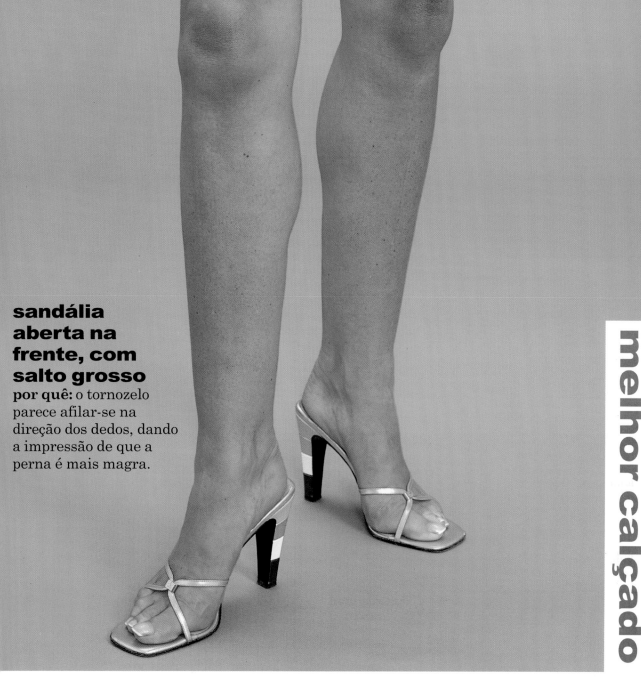

sandália aberta na frente, com salto grosso

por quê: o tornozelo parece afilar-se na direção dos dedos, dando a impressão de que a perna é mais magra.

melhor calçado

alternativa
salto anabela
por quê: o salto anabela é pesado o suficiente para equilibrar a grossura das panturrilhas.

sem bota

por quê: se você não tem um par de botas no armário, providencie um imediatamente, pois sentirá a alegria que é vestir saias de qualquer comprimento com botas de cano longo.

ou

botas até a panturrilha

por quê: o volume da barriga da perna vai escapar do cano. Essas botas só devem ser usadas quando o fim do cano fica escondido pela roupa.

e

botas de cano muito curto

por quê: esse é um tipo de calçado muito perigoso – faz a perna mais elegante parecer grossa e vulgar. Fica ótima escondida por calça comprida. Se for usada por pernas com panturrilhas grossas, constitui um dos piores acessórios.

inteiriça e justa no tornozelo
por quê: esse modelo que termina logo abaixo do joelho oferece o melhor visual. A barriga da perna fica completamente coberta, e o modelo opera milagres com tornozelos grossos. Na realidade, com a bota inteiriça, quanto mais volumoso for o tornozelo, melhor.

melhor bota

alternativa
cano acima do tornozelo
por quê: ao esconder o tornozelo até a região da batata da perna, tudo fica bem disfarçado.

Calçados pretos
e marrons nunca
devem ser usados
com roupas
claras.

regras de ouro para pernas grossas

O salto carretel não serve para tornozelos grossos.

Nunca use pulseirinha no tornozelo – as tiras só devem ser vistas no pé.

Saias colantes só ressaltam a largura acima dos pés.

As saias longas são perfeitas para tornozelos grossos (mesmo que você tenha pouco mais de 1,5 metro).

As botas constituem a salvação das panturrilhas volumosas.

Jamais use uma calça capri.

Nunca use um fuseau, a não ser para ginástica (e se você for solteira, não vista o fuseau para ir até a academia).

Outra proibição: vestidos ou saias sete-oitavos.

agradecimentos

Sten e Johnnie, por sua paciência e seu interesse no livro, dignos de um Oscar.

Susan e Jessica, pela paciência maternal e irrestrita.

Michael, por ser um *rottweiler*.

Rachel, por fornecer ossos enormes a Michael.

Charlotte, por nos deixar mais novas.

Maria, por ficar alisando e alisando cachos frisados.

Robin, por não comprometer a qualidade de suas fotos, apesar da rapidez com que foram tiradas.

Antonia, por cuidar das roupas.

Kelly, por tomar conta dos filhos de Susannah.

Al, por libertar seus pássaros.

Ed e Lizzie, pelas negociações.

Tracey, por não ouvir uma só palavra de nossos conselhos sobre como se vestir.

Vickie, pelo programa *What not to wear* ("Esquadrão da Moda").